AF359047

ESSAI

HISTORIQUE ET TOPOGRAPHIQUE

SUR LA

CIDEVANT COMMUNE

DE

LUTZELCOBLENZ

PAR ADAM LASSAULX

juge au tribunal criminel du départe-
ment de Rhin et Moselle.

COBLENZ CHEZ LASSAULX,

Pluviose an XI.

Sɪ nous aimons à nous retracer le souvenir de ceux qui nous ont autrefois appartenu par les liens de la parenté ou de l'amitié, ou qui ont partagé un jour avec nous le même sort, l'habitant de Coblence ne refusera pas quelque intérêt au tableau d'une commune y associée sans interruption depuis son origine, qui a participé à ses droits et avantages, qui a supporté avec elle toutes les charges, et qui est enfin devenue la victime de cette association : mais sans m'arreter à ces considérations locales, il est, sans doute, d'un intérêt général de connaître plus particulièrement la dite commune par ce, que nonobstant son anéantissement politique elle figure encore

A

aujourd'hui comme un lieu notable et désigné en gros caractères dans les cartes
les plus nouvelles, même dans celles de
Gussenfeld, malgré qu'elle ait cessée d'ex-
ister, il y a un siècle. J'observe la même
inexactitude rélativement au château de
Schöneck sur le Hundsruck, qu'on ne con-
nait que par ses ruines. Si ces erreurs
géographiques (1) donnent quelquefois lieu
à des plaisanteries, il doit en résulter plus
souvent des inconvéniens assez graves.

La dénomination latine donnée à cette
commune par les annalistes et notaires ne

______

(1) Ma propre expérience m'a fourni des exemples de l'un et de l'autre de ces cas ; car j'ai vu
présenter très sérieusement dans le commencement
de cette guerre, au bourgemaitre de Coblence une
requisiüon frappée sur la commune de Lutzelcoz-
blenz. Il est aussi notoire, que la distinction du
château de Schöneck y a fait diriger souvent des
compagnies entières, dont les individus doivent
avoir été bien fachés, de n'y trouver qu'une misé-
rable chaumière.

laissent pas de doute sur la signification de son nom allemand. Lutzelcoblenz qui est toujours rendu par *minor* ou *parva Confluentia*, a été évidemment composé de l'adjectif, *Lutzel ou petit* et du mot propre *Coblenz* de la même manière, que s'est formée la composition des mots Lutzelstein, et Lutzelbourg, aujourd'hui Luxembourg dont le dernier nous a conservé l'inferiorité primitive d'un château qui occupe aujourd'hui un rang distingué parmi les forteresses de l'Europe. Les deux communes de Lutzerat, dont l'une fait partie de l'arrondissement de Coblenz, et donc l'autre est située dans l'arrondissement de Crevelt nous offrent d'ailleurs des exemples moins frappans d'une nomenclature pareille, et présentent toutes les deux le sens d'un petit fond de terre défriché : *nova parva plantatio.* Il est encore assez visible, que le nom de famille Lutzelmann : *petit homme* a eu la même formation, et si au reste le mot *Lutzel* a perdu depuis long-tems son usage dans la langue allemande, il s'est soutenu jusqu'à nos jours dans celle anglaise, où il n'a subi qu'une legère flexion dans le mot *little*. (2)

Après ces discussions etymologiques, qui malgré l'abus, qu'on en a très souvent fait, ne paraitront pas ici déplacées, et inutiles, puisque ces recherches conduisent quelquefois directement l'observateur vers l'origine des institutions, et qu'elles réunissent encore le précieux avantage d'aider la mémoire dans l'étude géographique, je passe à l'histoire de Lutzelcoblenz, laquelle d'après les evénemens, qui ont influé de préférence sur son sort, pourra être di-

___

(2) Pour ceux, qui desireraient une autre preuve de l'ancien emploi du mot Lutzel, je puis encore citer un passage du fameux poëme Freidanek :

Wer sich itzt Kauffens will begon
Der mus offt sein war sagen lon,
Zu dem marckt Lutzel yemand gat
Dem sein synn nicht nach gewinne stat.

sée dans les périodes suivantes : la première comprendra tout le tems depuis sa formation jusqu'à la construction du pont de la Moselle par l'Electeur Baudouin comte de Luxembourg. La seconde comprendra l'espace depuis cette construction jusqu'à la devastation de l'an 1436. La troisième finira en l'an 1636 comme l'époque d'une dévastation ultérieure. La quatrième aura pour terme la dernière incendie de l'an 1688. Enfin la cinquième embrassera le tems intermediaire depuis cette subversion jusqu'à la réunion de la commune de Lutzelcoblenz à celle de Neuendorf.

L'origine de Lutzelcoblenz se perd dans la nuit de l'antiquité, et il nous restent peu de monumens propres à jetter quelques lumières sur les ténèbres du premier tems. Cependant les renseignemens que j'en ai pû obtenir, et les combinaisons que j'en ai faites, avec de faits postérieurs ne me laissent pas de doute, que cette époque fut celle de son accroissement continuel, de sa force et de vigueur. Les rapports politiques, qui ont autrefois existé entre elle et la commune voisine de *Neuendorf: villa nova* (3) et que je detaillerai ci-après, viennent même à l'appui d'une hypothese historique, que cette dernière n'a été dans son origine, que la demeure de quelques bateliers et pêcheurs issus de Lutzelcoblenz, dont le nombre a successivement augmenté, et l'a enfin élevé au rang d'une commune. La commune mere de Lutzelcoblenz a dû sans doute sa force et ses avantages au passage de la Moselle, lequel avant la construction du pont doit avoir été très considerable et a été surtout augmenté par les nom-

---

(3) Le testament d'un prêtre nommé Jacques, Chapelain de l'Archevêque Boemund de Warsberg près l'église de St. Castor de l'an 1288 en fait voir déjà l'existence à cette époque, puisqu'il rappelle entre autres de ses dispositions *Jurnale et dimidium situm in terminis novæ villæ.*

breux pelerins , qui voyagaient journelle-
ment vers Aix la Chapelle. On conçoit
aisement, que ce furent les bateliers et
les aubergistes, qui en ont profité de pré-
ference, et ce n'est, que de cette circons-
tance, qu'on peut deriver le nombre des
guingettes, qu'on y trouve encore bien postérieurement à la dite époque.

Les avantages précités ont dû naturelle-
ment cesser, ou beaucoup diminuer , lorsque le grand Électeur Baudouin eut une
fois exécuté son projet de joindre les deux
rives de la Moselle par un pont, ce qui
a eu lieu vers l'an 1343. (4) Les bateliers,

----

(4) J'ai fixé dans l'**Almanac** dit : *Eiffeler Bothe*
la construction de ce pont à l'an 1330 sur la foi
d'une inscription ancienne alleguée par le Jesuite
Brower, et qui ne diffère , que d'une seule année
de la date adoptée par l'abbé *Trithem* dans sa chro-
nique de *Spanheim*. Cependant une charte d'indul-
gence de l'an 1343 edite par l'illustre Évêsque
d'Hontheim dans son histoire diplomatique tom. III.
p. 155 semble exiger d'arrêter la date de l'origine

dont l'occupation devenait inutile par cette entreprise, ont été obligés de chercher ailleurs les moyens de leur subsistance et de se porter à Neuendorf. Mais ce n'était pas le seul tort, que cette construction a fait à l'industrie des habitans de Lutzelcoblenz. Les aubergistes, boulangers, et autres metiers en ont dû aussi ressentir le préjudice, puisque les passants n'avaient plus les mêmes motifs de s'y arrêter et séjourner comme autrefois ; c'est donc à cette époque,

---

à l'an du diplome, qui s'énonce textuellement: *Capientes ut pons de novo per venerabilem in christo patrem dominum Baldewinum archiepiscopum trevirensem super fluvium Mossellæ intra opid. Confl. suæ trev. diocosis fundandus.* Il y aurait un moyen à concilier ces variations en regardant la date de l'an 1330. comme celle d'une première entreprise mal reussie ou suspendue pour quelques années. Car il est évident par un diplome de l'Empereur Charles Quatre, qui se trouve dans mes collections, que ce pont a eu plusieurs ruptures, et que même alors il n'était pas achevée dans toutes ses parties.

que sa decadence commença. J'ai fixé
la fin de cette periode à l'an 1436, époque
de la guerre, que fit l'Electeur Raban
d'Helmstatt à son competiteur Ulric comte
deManderscheid, où la commune de Lutzelcoblenz a été dès le commencement pil-
lée par les ordres d'Henry comte de Virnenburg l'allié d'Ulric et enfin brulée par les
ordres de l'Electeur Raban pour qu'elle
ne puisse plus servir de retraite et de
ressource à son ennemi (5).

____

(5) Hontheim rapporte un passage des annales
inedits de Trêves dans son histoire dipl. tom. II.
p. 386, qui porte : *„ Comes de Virnenburg vetere*
„ rancore se rabano opposuit, plura damna et incendia
„ atque rapinas, præsertim in pago engerisgauwe et
„ parva Confluentia in conspectu Rabani pertinaciter
„ exercens. „ Il faut joindre à ce témoignage le
gesta Treverorum marteniana p. 449. ou on lit : *Coarc-*
tavit tamen idem dominus Rabanus prædictum comitem
de Virnenburg et alios per circumvallationem civitatis
Treverensis, castri Schoneck et combustionem parvæ Con-
fluentiæ, quod combastum fuit anno domini MCCCCXXXVI.
in vigilia undecim millium virgidum.

Il a fallu sans doute un tems considerable pour que la commune de Lutzelcoblenz
ait pu un peu reparer la perte qu'elle a
dû essuyér pendant la querelle de ces deux
Electeurs ; on peut aussi presumer, que
son malheur a forcé plusieurs de ses habitans à chercher une autre demeure, et
qu'il a encore dû contribuer à agrandir le
village de Neuendorf, que nous voyons déja
à la fin du même siècle jouir de la commo-
dité d'un culte particulier dans une chapelle, dont la perfection, dotation et consecration a été consentie en 1493 par l'Ar-
chevêsque Jean II. Cependant Lutzelcoblenz se retablit et se donna en 1541 des
statuts, qui se font remarquer tant par
le style, que par l'esprit d'ordre, qui les a
dictés et font également honneur à l'auteur
et à ceux, auxquels ils étaient destinés ;
ils renferment d'ailleurs la preuve, que la
commune de Lutzelcoblenz avait imité celle
de Coblence cismosellane en plusieurs de

ses institutions. Cette période se termine comme la précédente par des evénemens destructeurs, c'est à dire , par les devastations que la commune et son territoire a éprouvé an 1552 où les Français et les Suedois se sont disputé mutuellement la ville de Coblence, enfin par celles subies en 1636, où les Français le 6 du mois de May ont été forcés de l'abandonner après une vive résistence aux Espagnols commandés par le Feldmarschall comte de Gœrtz.

La quatrième période n'a qu'une durée de cinquante deux ans, et finit par la destruction totale de Lutzelcoblenz. Dès qu'il a été permis à ses habitans de jouir d'un peu de repos, qu'il n'ont obtenu, qu'après l'évacuation de la forteresse d'Ehrenbreitstein effectuée par les français le 28 Juin de l'an 1637, ils prirent les mesures nécessaires pour reparer ce, que les ravages de la guerre avaient detruit, et leur premier soin fut de retablir leur église, ce qu'ils exécutèrent en 1638. Aucun moyen d'améliorer leur sort ne fut négligé, et on ne se contenta pas de maintenir les anciennes institutions, mais on conçut même en 1664 le projet d'y en joindre de nouvelles, en y érigeant un Couvent des carmes, qui toutefois ont été établis après à Coblence. En 1660, où notre ville a beaucoup souffert de la peste, les habitans de Lutzelcoblenz nonobstant leur proximité et la liberté de la communication en restèrent intacts, ce qu'ils devaient sans doute attribuer à l'air plus pur, qu'ils ont respiré. (6) Comme plusieurs de ses anciens statuts et reglemens ne convenaient plus aux mœurs et usages de ce siècle, et à son état actuel, la commune demanda en 1671 au Magis-

---

(6) Ce qui prouve la justesse de cette observation c'est que c'était précisement dans les rues obstruées et malpropres comme la *Pfuhlgasse*, que la peste a commencé de se manifester, et où elle a fait le plus de progrés.

trat de la ville de Coblence un nouveau
règlement de police, qui a été rendu commun aux deux villages de Lutzelcoblenz et
Neuendorf. Mais Lutzelcoblenz ne sur-
vecut pas long-tems à cette nouvelle légis-
lation. Une tête de pont ordonnée vers 1682
par l'Electeur Jean Hugues d'Orsbeck et
construite à l'entrée du village ayant exigé
l'abattement de plusieurs maisons et forcé les
habitans de transporter leur domicile dans la
ville, a dû encore devenir infiniment fu-
neste à cette commune dans le bombardement, qui a eu lieu au mois de Novembre
de l'an 1688, où les incendies ont con-
sumé tout le village, et obligé la majorité
des bourgeois de se refugier à Neuendorf.

Quoique les Lutzelcoblençais n'y ont été
reçus, qu'à titre d'hospitalité, et que leurs
nombre se bornait à une vingtaine de familles, ils n'ont cessé de constituer pendant
un certain tems comme auparavant une
commune particulière, et distincte de celle

de Neuendorf. Cependant cette existence n'a été que précaire, et a eu de très grands inconvéniens surtout en ce, que les habitans de Neuendorf ont cru pouvoir obliger les réfugiés à supporter les charges dans les mêmes proportions, que lorsque Lutzelcoblenz était au plus haut dégré de prospérité, ce qui ne pouvait avoir lieu vû son affaiblissement et sa decomposition. Un tel état de choses était trop violent et trop deréglé pour continuer long-tems. Mais soit, que les Lutzelcoblençais ont encore nourri l'espérance de faire un jour revivre leur commune sur les foyers abandonnés, ou qu'ils ont trouvé des difficultés de s'arranger avec les habitans de Neuendorf sur leurs intérêts reciproques, cette situation bizarre et pénible aux deux parties s'est prolongée jusqu'à l'année 1701, dans laquelle au Mois de Janvier les deux communes ont sollicité leur reunion de l'Electeur Jean Hugues d'orsbeck, qui defera à leur demande vers la fin du mois d'Août. Il est evident, que toutes les deux devaient avoir des motifs très pressans de desirer cette incorporation, et qu'elle a été surtout et à plusieurs égards avantageuse aux habitans de Neuendorf, par ce qu'elle a non seulement considerablement ajouté à sa population, mais qu'elle a encore augmenté les revenus communaux, et qu'elle les a mis dans la possession, la jouissance et propriété d'un hopital et de toutes les fondations antérieurement affectées à l'église de Lutzelcoblenz. C'est de cette manière, qu'une commune mère après avoir essuyé bien de calamités est enfin succombée sous le poid de ses adversités continuelles et a pour ainsi dire expiré dans les bras de sa fille, chez laquelle elle avait cherché son dernier asyle.

Après avoir donné cette esquisse historique, je tacherai de présenter le résultat de mes decouvertes sur les mœurs, les usages, la police civile et religieuse, loix, droits reglemens, et les institutions particulières des Lutzelcoblençais ainsi que de leurs rapports avec Coblence cismosellane et la commune de *Neuendorf*, bien persuadé, qu'une connaissance approfondie de la statistique ne s'acquierre que par l'étude de l'antiquité, laquelle en contient les elémens, et les variations.

Peu de personnes ignorent que Lutzel-coblenz a été situé vis-à-vis de la ville. Après avoir passé le pont de la Moselle, on entrait immédiatement dans le village, où on trouvait à la droite son église. Il avait plusieurs rues, entre autres une dite *Scharegasse*, qui conduisait à la *Scharwiese*, (7)

---

(7) On sait que le mot *Schare* exprime un rassemblement de personnes ou de choses, et que chaque ville tant soit peu conséquente avait désigné des lieux particuliers pour les exercices militaires de ses bourgois. Ces considerations et d'autres, qu'ils serait trop long de rapporter ici fondent mon opinion, que la *Scharewiese* vulgairement dite *Schart wiese*, a été le champ de Mars des Coblençais.

une seconde à la gauche, où le plus grand nombre des habitations était placé, appellée *Leygasse* et une troisième dite *Pützgasse.* Outre sa porte d'entrée attenante au pont de la Moselle il avait une porte supérieure et inférieure *Ober und Niederpforte*, et était bordé et entouré de ces anciens ouvrages de défense dites *Landwehren*, qui ne présentaient que de simples circonvallations et qu'on avait coutume de construire avec de vieux bateaux couverts de terre. Une tour, dont j'ai trouvé l'indication dans une ancienne charte topographique, a eu visiblement le même but que les dits *Landwehren*, lesquelles ont constitué les defenses extérieures de la ville de Coblence, c'est à dire de la proteger en cas de guerre et d'observer de loin les approches et les forces de l'ennemi.

La commune de Lutzelcoblenz ainsi, que celles de *Weiss* et *Neuendorf* on fait de tout tems les dependances de la ville et

composé avec elle le cidevant Baillage de
Coblence. Ses habitans payaient dans la
caisse de la ville des droits pour la récep-
tion, dans la bourgeoisie outre ceux, qu'ils
étaient tenu d'acquitter dans leur commune.
Comme bourgeois de Coblence ils partici-
paient à leurs jouissances et privilèges no-
tamment à l'avantage, que les vins de
leur propre crû ont été exempts de la taxe
de consomption. Cependant ils n'étaient
pas traités comme des frères parfaitement
égaux, et si la ville leurs accordait quelques
portions de ses jouissances, cet avantage
n'était rien moins que gratuit; car outre
que les habitans de Lutzelcoblenz étaient
obligés à la garde des forêts de la ville, et
qu'ils étaient tenus de fournir à toutes les cor-
vées pour la confection et la reparation de
ses chemins, la charges de la garde du pont
en tems de guerre pesa particulierement
sur la dite commmune. Si Tacite a dit en
général des germains *plus ibi boni mores*

valent quam alibi bonæ leges, on a tort d'en inférer, qu'ils n'avaient aucunes lois ; ils en avaient certainement, comme le même auteur l'insinue en plusieurs endroits, mais elles n'étaient pas originairement écrites, mais simplement conservées dans leurs chants rimés Les Lutzelcoblençais nous fournissent un exemple rare et précieux de cet ancien usage dans une table réglementaire, qui fait partie de leurs statuts de l'an 1531, dont j'ai fait la decouverte dans la commune dè Neuendorf, et dont l'existence même a été ignorée par la difficulté de la déchiffrer. La mauvaise versification, qu'on trouvera à ce fragment n'empêche pas de le regarder comme un monument respectable et intéressant de l'antiquité, qui merite à tous égards la publication. Le nouveau réglement organique donnée à cette commune et à celle de *Neuendorf* le 29 Novembre de l'an 1670. renferme à l'instar de pareilles ordonnances des dispositions sur les droits de reception dans la bourgeoisie, sur les qualités, dont les aspirants devaient justifier, sur les devoirs des bourgemaitres, la police rurale etc. de sorte, que ce règlement ne diffère des antérieurs que par la fixation individuelle des amendes, et par l'autorité du Magistrat, dont il est émané, tandis que les règlemens et statuts antérieurs de cette commune derivaient de la seule volonté, et convenances de ses habitans sanctionnés par l'Electeur, ce que les Germains appellaient droit convenu: *gewillkürtes Recht*. En parlant des lois suivies en cette commune, je dois encore faire mention d'une coutume particulière portant interdiction aux bourgois de vendre hors de la commune, un bienfond ou des instrumens servant à la culture et à l'exploitation, dont le Magistrat de Coblence à maintenu l'observation en 1578 en menaçant un bourgeois de Lutzelcoblence de la prison de *l'Ochsenthurm* dans le cas, qu'il ne ferait pas rentrer dans le delai fixé un pressoir vendu à un cultivateur de *Metterich* vulgairement *Metternich*. Quant aux pratiques religieuses, il en existait une assez singulière, c'était de mettre entre les mains des malades, auxquels on administrait les derniers sacramens, un viatique de deux *Kreuzer*. (8)

Le baillif de Coblence n'exerçait directement aucun pouvoir sur la commune de Lutzelcoblenz. Elle n'obeissait qu'aux ordres du bourgemaitre de la ville, qui de son coté les adressait à son préposé appellé *Heimburger*. Celuici les faisait executer, convoquait la commune au besoin; il était en outre chargé du recouvrement des contributions, de la surveillance de la police interieure de la commune et de

---

(8) Comme la depense, que cet usage a occasionné ne se trouve plus après l'année 1672 dans les comptes de son eglise, il doit avoir été aboli vers cette époque.

sa recette , et était assisté par des jurés dans les affaires d'une conséquence majeure. Ce fonctionnaire était annuellement choisi par le Magistrat sur la présentation de trois membres faite alternativement par les communes de Lutzelcoblenz et Neuendorf, et prêtait son serment entre les mains du bourgemaitre de la ville. Outre ces employés, et deux gardes champêtres, dont la charge n'était pareillement qu'annuelle, la commune nomma en 15*6, pour son édile (*Baumeister*) le burgeois *Morgenstein*, chargé du soin de ses portes et autres constructions.

L'industrie des habitans de Lutzelcoblenz ne se bornait pas à la culture de leurs champs et vignes. Elle s'exerçait encore en diverses professions, parmi lesquelles celles des bateliers, pêcheurs et potiers formaient les plus grand nombre, Les memes raisons, qui avant la construction du pont de la Moselle on dû rendre celle des bateliers preferablement lucrative , ont dû encore faire prosperer les aubergistes , dont deux jouissaient du droit d'enseigne sous les dénominations *du cygne* et *du bœuf.* Les pêcheurs étaient assés nombreux pour se réunir en un corps sous la direction d'un maître pêcheur , et les potiers constituaient également une maîtrice particulière , et ce n'est , qu'après la destruction de Lutzelcoblenz , que cette profession s'est établie dans la ville. Il y avait encore des atteliers des fouleurs (9) , et on croira aisément d'après cela , que la commune ne manquait pas des métiers et professions les plus nécessaires tels que bouchers , boulangers , cordonniers etc. etc.

La population de Lutzelcoblenz devait être par toutes ces considérations assez forte,

---

(9) Ces atteliers des fouleurs ont été établis à Lutzelcoblenz par suite d'une ordonnance du Magistrat de Coblence rendue en 1671 , qui obligait les tanneurs d'y transférer leurs fosses.

et malgré les malheurs, qui n'ont pas cessé de la diminuer, et de faire augmenter celle de *Neuendorf*, la dernière n'était estimée en 1595, que constituer un tiers de Lutzelcoblenz, qui comptait encore quarante cinq familles en 1672. L'ouvrage de fortification dit *Sternschanze* que l'Electeur Jean Hugues d'Orsbeck à fait construire vers l'an 1682 à l'entrée de la commune, ayant necessité l'abattement de plusieurs maisons, les troubles de la guerre, qui ont suivi le dit évenement ayant aussi forcé plusieurs bourgois de quitter leur demeure et de choisir un nouveau domicile, le dit nombre à l'époque du bombardement de l'an 1688 s'est trouvé reduit à la moitié.

On peut bien presumer, qu'une commune de ce rang n'avait pas negligé de se procurer toutes les commodites et aisances requises tant pour les besoins de l'économie civile, que pour l'exercice de leur culte religieux. Outre une maison communale (10), un four et un puits banal, elle jouissait dans un tems bien reculé de l'avantage de posseder une église, et un hopital particulier L'acte de partage des dixmes à percevoir dans les bans de Coblence majeure et mineure passé en 1217 entre le chapitre de St. Castor et le curé de la paroisse de notre dame fait déja mention de la dite eglise. Elle avait trois autels (11) et St. Pierre pour Patron,

---

(10) Parmi les maisons des particuliers, un régistre de cens dus à la chartreuse de Coblence de l'an 1525 contient l'indication de celle de Conrad de *Wunemberg* et de Pierre de *Lanstein*, tous deux gentilhommes, dont la seconde est désignée la maison en pierre, Une infeodation faite en 1244 et datée *apud parvam Confluentiam* par l'Archévêque Arnaud II. comte d'Isenburg, donne lieu à croire à la coexistance d'un batiment domanial.

(11) De ces trois autels le principal était probablement consacré au patron, un autre était dédié à St. Jean l'évangeliste, et le troisième à la Ste. Trinité, qui a été postérieurement érigé et ample-

(26)

et était decorée du titre d'église paroissiale,
quoiqu'elle n'ait été desservie que par un chapelain de l'église notre dame, dont cependant le curé arrêtait les comptes. En 1541
elle a été de nouveau dédiée et reconciliée par
l'évêque Gregoire, grand vicaire de l'archévêque Jacques III., et la célébration de la
fete de son patron fixée au jour de St. Cres-
pin et Crepinien. L'acte de la dedicace,
qui comprend le cimetiere, l'énonce comme une chose nouvelle, *cum novo cimiterio*;
on en peut conclure, que la commune n'a
obtenu que vers cette époque le privile-
ge d'une sepulture particulière. (12)

---

ment doté en 1464 par Ele Thonners de Neuendorf. L'autel de St. Jean était annexé à la cure
de Wallersheim dont l'incorporation faite en 1588
à l'église collegiale de St. Castor lui a en même
tems transferé ledit bénéfice, et les obligations en
dependants.

(12) Un district du ban de Lutzelcoblenz tout
proche de la commune s'appelle encore aujour-

L'origine de l'hopital de Lutzelcoblenz remonte à une époque très reculée. Il a été considerablement agrandi en 1666 aux depens de la ville, le Magistrat l'ayant jugé propre à recevoir ses bourgeois atteints de la peste. Le soin de sa régie était regulierement confié à un maitre d'hopital choisi parmi les membres de la commune, lequel conformément à un arrêté du Magistrat en date du 20 Nov. 1666 était tenu de rendre compte de sa gestion pardevant les deputés et en présence du curé de la paroisse de notre dame.

La bergerie doit avoir constitué la partie la plus importante de ses revenus. Elle comprenait entre autres districts, un appellé, *près le moulin à vent*, dont il est

---

d'hui *die Klause*. Le nom et la localité concourent à fonder la conjecture, qu'il y a existé un de ces anciens reclusoirs (reclusorium) lesquels étaient assés communs autrefois, et dont l'existence a *Diebelich*, *Kærlich* et *Gondorf* est indubitable.

déja fait mention en 1580 et dont les baux
les plus recents contiennent encore l'indication (13). Dans le commencement ses
bourgeois en jouissaient en commun, et
la proportion des bienfonds possédés par
chaque individu déterminait le nombre
des brebis, qu'il pouvait joindre au trou-
peau. La commune a depuis et notam-
ment en 1649 preféré de l'affermer , et
son canon annuel a été porté à la somme
de cent florins. Cette bergerie a été en
1641 l'objet d'une contestation entre la

---

(13) Ce moulin à vent était placé entre le château de Schönbornslust et la commune de Wallers
heim et se fait encore aujourd'hui remarquer par
une petite élevation du terrain , qui entoure une
excavation faite par les fosseurs de sable. Le fait me
parait d'ailleurs digne de l'attention des adminis-
trateurs , qui verront, si la reconstruction de pa-
reils moulins à vent souvent projettée ne serait
pas un moyen propre à suppléer à l'insuffisance
des moulins à eau au tems de sechereche ou de
la glace.

commune de Lutzelcoblenz et celle de Neuendorf, qui a prétendu à la participation de ses bénéfices. Les Lutzelcoblençais allèguaient, que les habitans de Neuendorf n'y avaient aucun droit, que cependant par déférence ils leurs accorderaient un tiers de sa jouissance; j'ignore comment ce différent s'est terminé. La carrierre de pierre à bâtir qui existait autrefois dans son ban est abandonnée aujourd'hui, mais on exploite encore la sablière qui s'y trouve. Toutes les deux ont appartenu, et appartiennent encore à des particuliers, et rapportèrent par conséquent aucun profit à la commune.

Je n'ai que quelques mots à dire sur les forains, entre lesquels le commandeur de l'ordre teutonique de la commanderie de Coblence occupait le premier rang à raison d'une ferme très considerable qu'il possedait dans la commune. Une seconde appartenait à l'abbaye d'Himmenrode, une troisième acquise en 1671 par Jean Arnaud. *Solen-macher*, est passée dans la suite à la famille de *Gaertz*. Les proprietaires de ces trois fermes ont toujours fait valoir des exemptions odieuses à la commune, mais ce fut surtout le commandeur, qui a outré ses prétentions en les appuyant sur les privilèges et les prérogatives éminens attachés aux possessions de son ordre. Entre les autres forains je puis encore nommer l'abbaye de *Marienstatt*, l'ancien couvent des religieuses sur la Lehr auxquelles il a succèdé en 1582, le nouveau collège des jésuites établi à Coblence, enfin les religieuses de *Wallersheim*.

PREUVES.

N.° I. Arrangement relatif à la perception des dixmes dans les bans des deux Coblences entre l'Eglise de St. Castor et le curé de Notre Dame de l'an 1218.

In nominé Sancte, et individuæ Trinitatis Theodoricus Dei gratia Trevirorum Archiepiscopus omnibus in perpetuum notum sit, quod Canonici sancti Castoris in Confluentia sua nobis assertione frequenter conquerendo monstrarunt, quod occasione decimarum, quas sacerdos sancte Marie in Confluentia habuit, quam plurimum damnificarentur eo quod minus bene distincte essent, et decimarii utriusque partis decimas alterius partis subripere dicebantur. Nos igitur, prout officii nostri debitum exigit, ad

bonum pacis laborantes, et ut totius damni et
discordie inposterum tolleretur occasio viros ho-
nestos ad hoc destinavimus, ut eorum conside-
rationis deliberatione utraque pars indempnis con-
servaretur, quod et prudenti consilio ab illis
factum est, Sicut igitur illi utilitati utriusque
partis providentes decimas distinxerunt, ita et
nos in perpetuum volumus distingui et obser-
vari. Statuimus itaque, ut Sacerdos Sancte
Marie habeat integraliter omnem decimam sive in agris, sive in vineis cultis vel colendis in
parva Confluentia ab inferiori strata juxta *ecclesiam Sti. Petri*, que tendit Andernacum, quousque protenditur porochia versus Rhenum.
Insuper habeat omnem decimam in vineis que
site sunt super Mosellam quæ dicitur *Leya*,
et omnem decimam percipiet de bonis sive sint
elemosyne, sive sint aliunde, v. *alode*, quas
soli Canonici percipere solebant in terminis jam
dictis. Reliquas vero decimas præfate ville integraliter percipient præpositus, et canonici,
tam in vineis, quam in agris, quousque protenditur parochia, In magna vero *Confluentia* et
Wissa et *Capella* integraliter prepositus et canonici percipient tam in agris, quam in vineis

cultis , et colendis præter decimas allodii ecclesie Sancti Castoris et eleemosynarum , quas
soli canonici percipiunt , decimas etiam vinea-
r am pertinentium ad ecclesiam Sancte Marie
prepositus et canonici integraliter percipient.
Sed quomodo aliquando inter se sacerdos Sancte Marie , et qui præfuit altari Sancte Crucis
apud Sanctum Castorem de terminis dissidebant,
huic etiam liti finem duximus imponendum.
Sicut igitur quandoque *Paulinus* sacerdos bone
memorie cum præposito et Canonicis distinxit,
ita distinctum habere volumns , scilicet , ut qui
altari St. Crucis præest, omnibus usque ad do-
mum illorum de *Polege* , ita quod illa domus
integraliter sit inclusa cum aliis inferius habi-
tantibus versus Sanctum Castorem , providebit
tam in viatico , quam in baptisterio , et in pu-
rificandis mulieribus et in cæteris sacramentis,
ubicunque autem quis sepulturam elegerit, salvo jure utriusque partis præstito officio debito
sepeliatur. Ut igitur hoc factum firmum et
incolvulsum permaneat , sigilli nostri et sigilli
Confluentine civitatis munimine præsentem pa-
ginam duximus roborandam sub anathematis
vinculo inhibentes , nequis hoc statutum atten=

C

... infringere , acta sunt hæc anno dominice incarnationis millesimo ccxviii pontificatus nostri anno sexto.

———————

N°. II. Vieux réglement de police de la chambre aux buvettes des Lutzelcoblençais.

———————

1.   *Wer in die burgergesellschafft zu lutzelcoblents will gain*
der solt den himelischen Vatter vor augen hain
das er zuvorn nit lester gotn
noch mit boissen fluchen sin auch nit spott
wer das nit wurde vermidenn
der muest ein gulden zur boys lydenn.

2.   *auch soll keyner den anderen frevelich heis-*
sen liegenn
schentliche wort geben , Flochen oder Kregan
wer sich des nit wyll entheben
der soll vj albus zur bues gebenn.

3.   *wer auch were all so ungefuge*
der degenn oder messer zuge
oder ander mit fusten schluge

sich nit urbarlich und Zuchtich wurde haldenn
der ist vor xjj albus zur bues ferfallen

4. welcher auch wurfe mit gleisseren oder kannen
oder was Im sunst quem zu handenn
auch schaden dedt in finstern , dischen und
       bencken
dem wurd man de bois nit schencken
zwolf albus wer er ferfallenn
dar nach wys sich ein jeder zu haldenn.

5. auch sey allermennigklich kundt
wer einen mit einem messer oder ander waf-
      fen verwondt
der solchs dedt, oder gethein hedt
der haidt ein gulden zur bues verwedt.

6. ob auch einer so unfernunftig were
der meher ehest oder drunkt, dan im noth were
durdurch er sich unhofflich wurde haldenn
der ist ein gulden zur bois verfallen.

7. auch wen man Imandt wurd furen oder lyden
zu liebe oder leide , so sal man spill vermidenn,
welcher aber wyll wagen sin gelach
lest man ain dem disch gen der duer stedt nach

wer aber sich dar ain hielth unurbarlich
zwolff albus er zur bues gulde sicherlich

8. auch wollen wir haben mit ernst verbotten
das kevner, es geschehe dan durch grosse
notten
dem heimburch oder sunst eim auch sinen gesellen
vor der gemeind etwas notichs doin kallen
und gesagt wurde dancsagung, oder gemeinde
geschefft
das keiner drin fall mit unnutzem geschwetz
ob jemants sin reden nit kund verhalden
vor vj albus ist er zur bues ferfallen.

9. wer auch einer all so vermessen
und dyeser obgenante stuck wurde vergessen
oder was zuryfs oder zue schluge
zobrech oder zu schanden mecht mit ungefuge
der wurde vor 1 gulden verfallen sin
der gantzen gemeindt zu bezalen vor wyne.

10. hyer nach haldt sich yederman
der in de stub zum wyen will gainn
und by den burgern will halden gelach
das Im kein schade folge darnach.

11. *Item alle obg. puncten sint mit gemeind zu*
haldenn
hernacher hude sich darin nit strafflich zu fœl-
lenn
ist Imentzs anders dan rechts und goits sins
vermessenn
sint doch alle geschrieven unser hern und ob-
richeit unfergessen
12. *Dem dyss nit gefeld oder mach lydenn*
der soll sich der nachperschaft und stuben
myden
und nit für zu den gesellen gain
will er anders solcher boissen ledich stain

N.° III. Tradition des bienfonds et cens le-
gués par Ele Thonners de Neuendorf fon-
datrice de l'autel de la Ste. Trinité de
Lutzelcoblenz d. 25 May 1464.

In nomine domini amen. Serie hujus publici
Instrumenti cunctis ipsum intuentibus pateat
evidenter quod anno dni ejusdem millesimo quadringentesimo sexagesimo quarto indictione duo-

decima die vero lune vicesima nona mensis maji hora secunda post meridiam vel quasi pontificatus Sanctissimi in xpo patris et domini nostri
dni pii divina providentia pape secundi anno
sexto in mei notarii publici, testiumque sub-
scriptorum ad hoc specialiter vocatorum pariter
et rogatorum presentia personaliter constituti
honorabiles et discreti viri dominus *Johannes* de
Marpurg capellanus ecclesie beate Marie Virginis confluen. *Thielmannus Messersmyt* et *Johannes Glesser* de *Artzheym* opidani opidi confluen. treviren. diocesis executores testamenti per
quondam honestam matronam *Elam Thonners* de
Nuwendorff conditi, qui quidem executores ad
satisfaciendum ultime voluntati ipsius *Ele*, sive testamento suo, in quo inter cetera voluit
et desideravit, quod in *ecclesia parochiali. Sti
Petri in parva Confluentia* singulis sabbathinis
diebus omnium septimanarum una perpetua mis-
sa matutina in eadem ecclesia institui, et ut le-
gatur et celebretur de suis bonis per eam in testamento suo nominatis ordinari et disponi debeat
in ipsius testatricis ac sui mariti, dum vixit
animarum salutem, quoddam etiam construxe-
runt ac fieri fecerunt altare in honorem sancte

et individue trinitatis , trium regum , beatorum
huperti , elogii confessorum nec non Starum Katharine, Barbare Virginum et Elisabethe vidue dedicatum , illudque juxta ipsius quondam
Ele ultime voluntatis ordinationem sive testamentum in certis bonis immobilibus per eam
ut prefertur in suo testamento predicto nominatis , ac etiam in aliis similibus immobilibus
bonis ex potestate ipsis in hujusmodi testamento
vigore ejusdem generalis clausule tradita provi-
derunt et dotarunt; et illa sunt bona , prout sequuntur per ordinem , videlicet , primo una curia in *parva confluentia* habens et
continens in se duas possessiones , in quarum
qualibet jam actu homines inhabitant, et est
taxata , quod annis singulis posset importare
quatuor florenos renenses. Item una petia terre
arabilis in districtu *Wallersheim* sita *uff der bo-
nen* continens medium jurnale. Item una pecia
erre arabilis *uff dem kerwel* continens unum
jurnale cum medio. Itam una vinea *in dem wy-
selingh* continens quartale unius jugeris cum
nedio. Item una vinea *in dem anwerck* continens
quartale unius jugeris. Item due vince *uff dem
en* continentes duo quartalia jugeris. Item

unum pomerium *uff dem langwen.* Item unum pomerium in *johans morgen.* Item una vinea in districtu *nuwendorff* sita dicta *der horchheymer* continens medium quartale, Item una vinea dicta *der junge planck.* Item una vinea sita *an dem herewege* continens tria quartalia jugeris cum medio. Item una vinea dicta *der kolffe* continens medium jurnale. Item una vinea *uff der hecken* continens unum quartale. Item tria saliceta quorum unum est situm *an dem nuwenwege,* alia duo sita sunt *uff dem hottenstück,* item unum pomerium *uff der goncolt,* et sunt taxata secundum sub et super cum omni diligentia ad valorem decem florenorum renensium, quos singulis omnibus annis importare possint, que quidem bona predicta, et exinde provenientia, seu que exinde provenire poterunt prafati executores testamenti supradicti omnibus melioribus modis, via jure et forma, quibus melius et efficacius fieri potuit ac debuit coram venerabil' circonspecto viro magistro Hermanno *de arcka* in decretis licentiato plebano pro tempore ecclesie beate marie virginis confluen. meque notario publico et testibus infrascriptis cum omni effectu, ore et calamo ad perpetuandam

missam supradictam per predictam **testatricem**
desideratam tempore preexpresso celebrandam **et**
legendam et ad instituendum perpetuum beneficium in dicto altari noviter constructo et dedi-
cato predicto altari dederunt , tradiderunt do-
narunt atque concesserunt irrevocabilis ac per-
petue donationis titulo cum omnibus **juribus**
pertinentiis , accessibus , digressibus et utilita-
tibus eorundem , transferentes etiam predicti executores in altare predictum sive possessorem ejusdem omne jus , dominium actionem et proprie-
tatem , quemcunque ex dicto testamento seu
quacunque etiam judiciali supportatione seu
immissione competentia , et que ipsis competere
poterat in hujusmodi bonis et censu memorato,
a se illa pénitus abdicantes , et excludentes ; ita
quod deinceps quiscunque possessor altaris predicti possit et valeat hujusmodi bona supradic-
ta , et exinde cedentia , tanquam aliis dicti altaris bonis ad dies vite sue uti frui et gaudere
contradictione cujuscunque non obstante. Item
voluerunt et ordinarunt dicti executores testamenti tanquam fundatores altaris predicti, quod
pro tempore , ac quandocunque in futuro to-

ciens et quociens, etiam in quibuscunque mer-
sibus dictum altare sive beneficium in eo con-
stitutum vacare contigerit, magistri fabrice ecclesie parochialis in *parva Confluentia* quendam
presbyterum probum et ydoneum nominare et
eundem plebano pro tempore ecclesie bte Marie Virginis Confluen. presentare debeant, qui-
quidem tunc dominus plebanus eundem nomi-
natum et presentatum ad hujusmodi beneficium,
si saltem ydoneus repertus fuerit, investire et
instituere debet, secundum quod juris ordo re-
quirit et expostulat ; super quibus omnibus et
singulis premissis prefati executores testamenti
predicti tam pro se, quam nomine et vigore
dicti altaris requisiervnt me notarium publicum
infrascriptum, quatenus desuper coram me ut supra peractum, unum vel plura publicum seu
publica conficeremus instrumentum seu instru-
menta. Acta sunt hec Confluentie in curia dicte
ecclesie parochialis bte. Marie Virginis ibidem
sub anno domini indictione die hora mense et
pontificatu quibus supra, presentibus ibidem ho-
nestis et discretis viris *Nicolao de Wüssenburg*
Sartore et *Henchgino* Sutore de *Fryburg* Laicis

opidanis Confluen. pro testibus ad premissa vo-
catis pariter et rogatis.

(L.S.) Et ego Petrus Sartor de Wetzlaria
Clericus Trevirensis diocesis publi-
cus sacra apostolica auctoritate,
curiæque Confluentine juratus notarius etc. etc.

———

N°. IV. *L'erection du nouvel autel de la*
St. trinité en benefice ecclésiastique par
l'archevésque Jean II. le 2 Juin 1464.

———

Joannes Dei Gratia electus et confirmatus Trevirensis sacri romani Imperii per Galliam ar-
chicancellarius, universis et singulis, ad quos
presentes nostre Litere pervenerint Salutem in
Domino. Pro parte devoti, ac fidelium nobis
dilectorum Joannis de Marpurg Capelani ecclesie parochialis bte. Mariæ Virginis, *Tilmanni*
fabri Cultellorum et *Joannis* vitrificis de *Artz-*
heim civium opidi nostri confl. executorum

testamenti per quondam *Elam Thonners* pridie defunctam conditi nobis expositum est, quod iidem executores volentes jam dictum testamentum debite executioni demandare quoddan altare in *ecclesia parochiali bte. Petri* in *parva Confluentia* ad honorem sancte et indivue Trinitatis, trium regum, beatorum Huperti et Eligii confessorum, Katharine et Barbare Virginis atque Elisabeth vidue de novo erexerint, fundaverint, ac de bonis per dictam *Elam* relictis dotaverint, prout in Instrumento publico desuper confecto, cui hæc nostre Littere transfiguntur, hec et alia plenius cernuntur contineri, fuitque nobis pro parte eorundem executorum humiliter suplicatum, quatenus erectioni, fundacioni et dotacioni predictis nostros Consensum et auctoritatem impartiri, ipsumque altare in beneficium ecclesiasticum instituere, et bona, ac redditus, cum quibus idem altare dotatum existit, ecclesiastice libertati asscribere gratiose dignaremur. Nos siquidem hujusmodi supplicationi tanquam pie et rationabili annuentes, ac cultum divinum nostris temporibus ampliare cupientes erectionem, fundationem et dodationem predictas auctoritate ordinaria

approbamus et confirmamus , prefatumque altare in beneficium ecclesiasticum instituimus ,
nec non bona et redditus , cum quibus dictum
altare dotatum existit. , et alia , que illi pia
largitione fidelium imposterum donabuntur ecclesiastice asscribimus libertati Jure tamen
nostro et ecclesie nostre et cujuslibat alterius
in omnibus semper salvo.   In cujus rei testimonium has litteras secreti nostri jussimus ap-
pensione communiri.   Datum Ehrembreitstein
die prima mensis Junii anno Domini millesimo,
quadringentesimo sexagesimo quarto.

Nᵒ. V. *Consentement de l'archevêque Jean*
II. à la consecration de la nouvelle Cha-
pelle construite à Neuendorff le 9 Fevrier
1493.

Joannes etc. etc. ut Incole nove ville vulgo *Neu-*
endorf in littore Rheni nostre diocesis site sa-

cellum seu Capellam ibidem dudum ceptam de-
center perficere et consecrari facere cum unius
singulis ebdommadis perpetuo in eadem fiende
misse institutione absque tamen omni parochialis ecclesie, et rectoris seu plebani eorundem-
que Jurinm prejudicio valeant, presentibus in-
dulgemus litteris. Datum Erembreitstein nostro sub sigillo presentibus appenso nona die
mensis Februarii anno Domini mccccxcii more
trevirensi.

N°. VI. *L'acte de la dedicace de l'eglise
de Lutzelcoblenz d. 25 Maji 1571.*

Nos Gregorius Dei et Apostolice sedis gratia Episcopus Azotensis saverenissimi in Christo patris ac Domini Jacobi sancte trevirensis
ecclesie archipiscopi principis electoris, in pon-
tificalibus Vicarius generalis, notum facimus
omnibus universis et singulis per presentes nos-
tras Literas, quod anno Domini millesimo quin-

gentesimo septuagesimo primo ipsa die ascensionis Domini, que fuit 24 May, quod *consecravimus* et *reconciliavimus* Capallam in *minori confluentia* cum tribus altaribus una cum *novo cimiterio* in honorem sancte et Individue trinitatis, et gloriose semper Virginis Marie et aliorum Sanctorum, in Speciale in honorem sancti Petri Apostoli, cujus quidem diem singulis quibuscunque annis fieri et celebrari ipso die Crispini et Crispiniani martyrum cum sacre Misse officii celebratione et solempnitatibus constituimus, decrevimus, et designavimus, Concedentes insuper auctoritate nobis concessa ac data omnibus Christi fidelibus et vere penitentibus, qui ad dedicationem prefate Capelle et altarium die ac loco convenerint, Indulgentias quadraginta dierum; in quorum omnium fidem et evidens testimonium presentes Litteras nostro sub Sigillo munitas, dedimus in presentia horum testium *geinch Johan Schans* et *Querein Erszegen.* Datum confluentiæ in monasterio prædicatorum anno Domini 1571 25 Majii.

Martinus treverensis notarius.